PROJET DE RÉGLEM

Pour l'ordre intérieur de l'Assemblée-Générale des
sentans de la Commune de Paris, rédigé par M.
CONDORCET, DE MOLIEN, DE VAUDERM...
& DE SAISSEVAL, Commissaires pour cet objet.

Présenté à l'Assemblée, le 22 Octobre 1789.

CHAPITRE Iᵉʳ.

Disposition de la Salle.

ARTICLE PREMIER.

Il sera établi, dans la Salle,
des bancs à dossiers, disposés en
gradins, dans une forme circu-
laire, de manière que tous les
Membres de l'Assemblée puis-
sent se voir réciproquement.

II.

Il y aura un fauteuil & une
table, pour le Président, sur
une estrade placée, autant que
faire se pourra, à une distance
égale de tous les Membres,
& entièrement isolée, de ma-

A

nière que le Président ne puisse
pas être détourné de l'atten-
tion, qu'il doit uniquement à
l'Assemblée.

I I I.

On placera devant le siége
du Président, une estrade infé-
rieure sur laquelle on établira
un Bureau; autour de ce Bureau seront placées cinq chaises
dont trois en face de l'Assemblée, & deux sur les côtés;
celle du milieu sera destinée
pour le Président, quand il
n'occupera pas le fauteuil; celle
de la droite pour M. le Commandant général; celle de la
gauche pour le plus ancien
Secrétaire; les deux autres
Secrétaires seront placés sur
le côté.

I V.

Il sera disposé, à l'entrée
de la Salle, opposée au Bureau du Président, un banc

pour les perſonnes étrangères à l'Aſſemblée, qui ſeront admiſes à y porter la parole.

V.

Il ſera établi douze tribunes contenant chacune dix places. Les ſix de l'un des côtés de la Salle ſeront affectées aux ſoixante Diſtricts, de manière à réunir dans la même tribune les dix qui ſeront compris ſous la même Diviſion Militaire, & que chacun d'eux puiſſe y diſpoſer d'une place.

Les ſix tribunes de l'autre côté auront les deſtinations ſuivantes :

M. le Préſident de l'Aſſemblée Nationale diſpoſera de la première.

Les Secrétaires de l'Aſſemblée Nationale, de la deuxiéme.

M. le Maire, de la troiſiéme.

M. le Commandant général, de la quatriéme.

M. le Président de l'Assemblée, de la cinquiéme.

Les Secrétaires de l'Assemblée, de la sixiéme.

CHAPITRE II.
Du Président.

ARTICLE PREMIER.

LE Président sera élu au scrutin ; il sera nommé pour quinze jours ; il ne pourra pas être continué ; mais il sera suceptible d'être élu de nouveau pour toute autre quinzaine.

I I.

Le Président fera l'ouverture & la clôture des Séances. Il sera chargé de maintenir l'ordre dans l'Assemblée ; d'y faire observer les Réglemens ;

d'y accorder la parole; d'énon-
cer les queſtions ſur leſquelles
l'Aſſemblée aura à délibérer;
d'annoncer le réſultat des ſuffrages; de prononcer les déci-
ſions de l'Aſſemblée.

I I I.

Le Préſident fera, Séance
tenante, l'ouverture des lettres & paquets adreſſés à
l'Aſſemblée.

I V.

Le Préſident arrêtera, à
la fin de chaque Séance, la
Feuille des queſtions qui devront occuper la Séance ſui-
vante, conformément à l'ordre du jour; il en donnera
lecture, la ſignera, & il en
fera expoſé, dans un lieu ap-
parent de l'Aſſemblée, un
double, ſigné d'un Secré-
taire.

V.

L'ordre du jour sera inscrit sur un Registre qui restera toujours sur la table du Président, afin que chaque Membre ait la faculté de le consulter avant l'ouverture ou après la clôture de l'Assemblée.

V I.

Dans le cas où le Président seroit absent, il seroit remplacé dans ses fonctions par son Prédécesseur immédiat ; en l'absence de celui-ci, par celui qui auroit été Président avant lui, & ainsi en remontant.

V I I.

La Présidence ne variera pas dans le cours d'une Délibération entamée. Lorsque M. le Maire sera présent à l'As-

semblée , il occupera le Fauteuil & remplira les fonctions
de Préfident , qui alors prendra fa place au Bureau.

CHAPITRE III.

Des Secrétaires.

ARTICLE PREMIER.

Les Secrétaires feront au
nombre de trois.

II.

Ils feront élus au fcrutin,
ainfi qu'il fera dit ci-après, au
Chapitre des Elections.

III.

Les Secrétaires fe réparti-
ront entr'eux le travail des
Notes , la rédaction du Procès-verbal qui fera fait d'abord
en minutes : les différentes
piéces qui doivent faire partie
du Procès-verbal , feront an-

nexées à la minute, après
y avoir été énoncées ;
sera fait une copie de cette
minute & de ces piéces, sur
un Regiftre coté & parafé,
qui fera, ainfi que la minute,
figné du Préfident.

Les Secrétaires feront également chargés de la rédaction
des Délibérations, de la récep-
tion & expédition des Actes
& des Extraits, ainfi que de
tous les Envois faits au nom
de l'Affemblée ; ils furveille-
ront l'impreffion des Procès-
verbaux & de toutes les piéces
qu'elle voudra rendre publi-
ques.

I V.

Le Regiftre reftera dans
les Archives de l'Affemblée,
& les minutes feront dépo-
fées à la Bibliothéque de la
Ville.

V.

V.

La durée des fonctions de chaque Secrétaire sera de six semaines ; l'un d'eux remplacé, chaque quinzaine, dans l'ordre des nominations.

VI.

Les Secrétaires ne pourront être nommés pour aucun Comité, pendant le temps de leur exercice.

VII.

Ceux des Secrétaires qui seroient absens seront remplacés par les derniers Secrétaires sortis de fonction, en observant, à cet égard, le même ordre qui a été établi au Chapitre précédent, pour le remplacement du Président.

CHAPITRE IV.

Ordre de l'Assemblée.

ARTICLE PREMIER.

LES fonctions confiées par la Commune à l'Assemblée Générale de ses Représentans, se divisant en trois objets, la surveillance périodique des Administrateurs provisoires de la Municipalité ; la confection des Réglemens relatifs à l'ordre public , & la rédaction d'un Plan de Municipalité : l'Assemblée Générale se réunira pour s'en occuper, trois fois par semaine , les Lundi , Mercrédi & Vendredi matin.

II.

Deux de ces Séances seront employées à la discussion du

Plan de Municipalité ; la troisiéme aura pour objet la confection des Réglemens généraux qui feront jugés né-ceffaires. Les Séances defti-nées à recevoir les Comptes & entendre les Rapports des Adminiftrateurs Municipaux, & celles qui feroient déter-minées par des circonftances imprévues auront lieu fur une convocation fpéciale de M. le Maire ou du Préfident.

III.

L'ouverture des Séances ordinaires fera fixée à dix heures précifes du matin, & la clôture à deux heures après mi-di. Le Préfident ne pourra en étendre ni en abréger la durée, fans avoir pris le vœu de l'Af-femblée ; mais il aura toujours le droit de faire délibérer fur la propofition de prolonger la Séance au-delà du moment fixé pour fa clôture , ou de la rompre avant ce temps.

IV.

L'heure des Affemblées fera indiquée par le Billet de convocation.

V.

A l'ouverture de chaque Séance, un des Secrétaires fera la lecture du Procès - verbal de la Séance précédente , relative au même objet , & le Préfident rappellera l'Ordre du jour.

VI.

Il ne pourra être pris aucune Délibération dans le cas où l'Affemblée , étant comfée de moins de 40 Membres, un des Membres préfens en feroit l'obfervation : mais, lorfque fur une queftion agitée pendant le temps fixé pour la Séance, le Président aura prononcé la décision de l'Assemblée, personne ne sera admis à opposer, comme moyen de nullité, que le nombre des Opinans étoit au-dessous de quarante.

VII.

La Séance ouverte, chacun restera assis, excepté celui qui aura la parole.

VIII.

Tout bruit sera interdit; le silence sera exactement observé. La sonnette du Président y rappellera les Membres qui le troubleroient; & celui qui continueroit de parler malgré ce signal, seroit repris par le Président, au nom de l'Assemblée.

I X.

Le Président aura seul le droit de rappeller à l'Ordre ; si un Membre juge qu'un autre s'en écarte, il ne pourra l'interpeller personnellement ; mais il sera tenu de s'adresser au Président , pour le faire rappeller à l'Ordre.

X.

Nul ne quittera sa place, même pour parler au Président & aux Secrétaires.

X I.

Les Huissiers, chargés du service de la Salle , seront les seules intermédiaires des communications des Membres entr'eux , ou avec le Bureau.

X I I.

Les Huissiers avertiront, à voix basse, les Membres qui seroient demandés au-dehors.

X I I I.

Nul autre que les Membres de l'Assemblée, ne pourra rester dans l'enceinte de la salle.

X I V.

Les Pétitions, Lettres ou Adresses à l'Assemblée pourront lui être présentées par un de ses Membres qui en seroit chargé.

X V.

Les Corporations ou Particuliers qui demanderoient à être entendus dans l'Assemblée, s'adresseront, par la voie d'un Huissier, à l'un des membres du Bureau, qui ira s'informer de l'objet de leur démarche, & en fera part à l'Assemblée, en lui demandant son agrément pour les introduire.

X V.

Ce sera toujours le Président qui répondra au nom
de l'Assemblée, sans qu'aucun membre puisse être admis
à faire des observations en
présence des Etrangers.

X V I.

S'il y a lieu à délibérer sur
un objet présenté à l'Assemblée par des personnes étrangères, elles seront priées de
se retirer, & le Président ne
leur répondra, qu'après avoir
pris le vœu de l'Assemblée.

CHAPITRE V.

Des Délibérations.

ARTICLE PREMIER.

AUCUN Membre ne pourra
parler, qu'après avoir deman-
dé la parole au Président.

I I.

I I.

Si plusieurs Membres se lévent pour demander la parole, le Président la donnera à celui qui se sera levé le premier, & les autres pourront se faire inscrire pour assûrer leur rang ; s'il y a contestation, l'Assemblée prononcera.

I I I.

Nul ne sera interrompu quand il parlera ; si un Membre s'écarte de la question, le Président l'y rappellera ; s'il se livre à des personnalités, ou s'il manque de respect à l'Assemblée, il sera repris en son nom.

I V.

Le Président n'opinera pas sur les propositions mises en délibération, & il ne votera que pour départager, dans le cas

C

d'un partage abſolu ; ſa fonction cónſiſtera à expliquer l'ordre, ou le mode à ſuivre pour la délibération.

V.

Tout Membre aura le droit de faire une motion.

V I.

Tout Membre qui voudra préſenter une motion, ſe fera inſcrire au Bureau, & en déſignera l'objet, pour qu'elle ſoit miſe à l'ordre du jour.

V I I

Lorſque le tour de la motion ſera venu, l'Auteur, après l'avoir expoſée, la fera dépoſer, par écrit, ſur le Bureau.

V I I I.

Une motion admiſe à la diſcuſſion, ne pourra plus recevoir de correction ni d'altération, ſi ce n'eſt en vertu d'amendemens délibérés par l'Assemblée.

I X.

Tout amendement sera mis en délibération avant la motion; & il en sera de même des sous - amendemens, par rapport aux amendemens.

X.

En quelqu'état que soit la discussion, tout Membre pourra demander la question préalable de savoir s'il y a lieu *à voter* sur la proposition; tout Membre pourra également ment demander le renvoi à l'examen des Bureaux ou d'un Comité.

X I.

Dans toute délibération, chaque Membre, même l'Auteur de la motion, ne pourra parler qu'une fois; il n'y aura d'exception à cette régle, que dans le cas où un

Membre obferveroit qu'on
n'auroit pas faifi le véritable
fens de fa propofition, & il
feroit alors admis à l'expliquer
en fe renfermant dans cette
explication.

X I I.

Dans le cas où une ques-
tion paroitroît à l'Affemblée
exiger une difcuffion plus li-
bre, dans laquelle le même
Membre pût prendre plu-
fieurs fois la parole, l'Affemblée prononcera que fa délibération fera précédée par un
débat préliminaire ; alors elle
fe formera en Comité général, le Fauteuil demeurera
vacant, & le Préfident fié-
gera au Bureau ; fi, dans le
moment où l'Affemblée aura
décidé fe former en Comité
général, M. le Maire occupe
le Fauteuil, il viendra prendre au Bureau la place qu'

Président, qui alors siégera
parmi les autres Membres de
l'Assemblée.

X I I I.

Lorsque le point de discussion
paroîtra suffisamment éclairci
par le débat préliminaire,
un des Secrétaires de l'Assemblée mettra en forme le résul-
tat, qui sera seul inscrit sur le
Procès-verbal ; alors celui qui
préside reprendra sa place dans
le Fauteuil ; ce seul Acte ra-
pellera l'Assemblée à la forme
ordinaire de ses Délibérations,
& ce n'est que sous cette dernière forme que la Question
débattue pourra être déci-
dée, & la Séance terminée.

X I V.

Tout Membre pourra ob-
server que la Question qui
paroît mal posée, en expli-
quant comment il juge qu'elle
doit l'être.

X V.

Tout Membre pourra pro-
poſer que la queſtion miſe à
l'opinion par le Préſident, ſoit
diviſée, & il motivera ſa de-
mande.

X V I.

Il ne pourra être opiné ſur
aucune queſtion que par
l'affirmative ou la négative
abſolue.

X V I I.

Toute queſtion ſera déci-
dée définitivement à la ſimple
majorité des ſuffrages.

X V I I I.

Toutes les queſtions, ainſi
qu'il a été dit ci-deſſus, devant être réduites à la ſimple
alternative, entre l'affirma-
tion & la négation, le Préſident proposera de ſe lever, d'a-
bord à ceux qui ſeront pour
l'affirmative, & enſuite à

ceux qui feront pour la négative.

X I X.

Lorfque le réfultat de cette
forme laiffera du doute fur
la majorité, on emploiera,
pour la conftater, la féparation
des Votans ; en conféquence,
le Préfident prononcera : que
ceux qui feront pour l'affirmative devront paffer dans
une autre chambre ; alors deux
perfonnes choifies par le Préfident, dont l'une parmi ceux
qui feront pour l'affirmative,
& l'autre parmi ceux qui feront pour la négative, compteront d'abord les membres
reftés dans l'Affemblée, & fe
tenant enfuite à la porte, ils
compteront également ceux
qui feront fortis, à mefure
qu'ils rentreront.

X X.

Toute délibération qui aura

été prise par l'Assemblée, sera
mise en forme par le plus
ancien des Secrétaires présens
au Bureau ; mais, dans le cas
où la rédaction seroit con-
testée, la délibération subsis-
tera dans la forme sous laquelle
elle a été mise aux voix, jusqu'à
ce que l'Assemblée se soit ac-
cordée sur la rédaction défi-
nitive.

X X I.

Lorsqu'une question sera
devenue, par l'adoption de
l'Assemblée, un Arrêté défi-
nitif, le Président prononcera
textuellement l'Arrêté suivant
cette formule : *L'Assemblée
a arrêté que*, &c.

X X I I.

Lorsque l'Assemblée aura
successivement arrêté tous les
articles du plan de la Consti-
tution Municipale, elle en
fera

fera une révision générale, qui aura pour objet la rédaction, l'ordre & la concordance des articles.

XXIII.

Il ne fera, dans aucun cas, ftatué fur les perfonnes autrement que par la voie du fcrutin.

CHAPITRE VI.
Des Bureaux.

ARTICLE PREMIER.

Pour préparer les objets qui devront être délibérés dans les Séances ordinaires, l'Affemblée fe divifera en douze Bureaux compofés chacun de 20 membres.

II.

Les Bureaux feront faifis tous, en même temps, des mêmes queftions; elles y feront difcutées, fans qu'on puiffe y former des réfultats.

D

I I I.

Les Bureaux feront com-
pofés par la voie du Sort,
de la manière fuivante :

Chacun des 240 Mem-
bres de l'Affemblée aura fon
numéro, qui ne variera pas ;
& le Préfident prendra, au
hazard, dans une capfule qui
renfermera les 240 numéros,
les 20 qui font néceffaires
pour former chaque Bureau.

Les Bureaux feront re-
nouvellés en fuivant le même
procédé à la dernière Séance
ordinaire de chaque mois.

I V.

Chaque Bureau fera tenu
chez un de fes Membres,
fuivant la convention qui
fera faite entre ceux qui feront préfents à l'Affemblée,
au moment de la compofi-
tion.

V.

Les Bureaux auront au moins une Séance chaque jour, lorfqu'il n'y aura pas d'Aſſemblée générale.

CHAPITRE VII.
Des Elections.

ARTICLE Ier.

POUR éviter le concours de deux nominations dans la même Séance, à la fin de la dernière Séance ordinaire de chaque ſemaine, l'Aſſemblée procédera alternativement à la rénomination du Préſident, & de l'un des trois Secrétaires.

II.

Les époques fixées pour les Elections des Officiers ne varieront pas, même dans le cas de vacance accidentelle; & le remplacement aura

lieu, ainsi qu'il aura été réglé
pour le cas d'absence, aux
Articles III du Chapitre II,
& VII du Chapitre III.

I I I.

Les Elections feront faites
partiellement par les douze
Bureaux, dont les Membres
fe réuniront, fans déplacer.

I V.

Tous les Bureaux procé-
deront fimultanément, à chaque élection.

V.

Les trois Membres dont
les noms feront fortis des
premiers, lors de la com-
pofition de chaque Bureau,
rempliront les fonctions de
Scrutateurs de leurs Bureaux;
les Buletins feront reçus &
vérifiés par eux feuls.

V I.

Le réfultat du Scrutin de

chaque Bureau ne fera an-
noncé aux Membres dont il
fera compofé, que lorfque la
totalité des Buletins aura été
remife aux Scrutateurs, dans
tous les Bureaux.

V I I.

Les réfultats du Scrutin de
tous les Bureaux feront por-
tés au Secrétaire ; & ils n'en
feront le dépouillement & la
vérification que lorfqu'ils les
auront tous réunis.

V I I I.

On procédera par Scrutin
individuel à la nomination
du Préfident & de chaque
Secrétaire, & par Scrutin de
lifte à la nomination des
Commiffaires, lorfque l'Affemblée croira devoir en
nommer.

I X.

Dans ce dernier cas, chaque

Votant écrira fur fa lifte un
nombre de noms égal à celui
des Commiffaires qui devront
être nommés.

X.

Tout bulletin portant un
nombre de noms inférieur ou
fupérieur à celui qui fera fixé,
fera annulé ; il en fera de
même des bulletins qui, en cas
de fimilitude de noms, ne por-
teroient pas de défignation
perfonnelle.

X I.

La fimple pluralité fuffira
pour être élu.

X I I.

Les Députations feront com-
pofées fur la lifte des membres de l'Affemblée, de manière qu'ils foient Députés
par tour, & les Députés choi-
firont entr'eux celui qui devra
porter la parole.

XIII.

Si l'Assemblée croit devoir établir, indépendamment des Bureaux, des Comités particuliers dont les fonctions soient permanentes, les Membres en seront choisis dans la forme prescrite par les Art. 8 & 9 ci-dessus, pour la nomination des Commissaires; & personne ne pourra être à la fois Membre de deux de ces Comités.

Quant aux Commissions passagères, la nomination des Membres qui devront les composer sera déférée au Président.

XIV.

Les Membres d'un Comité y auront seuls voix délibérative; mais les autres membres de l'Assemblée auront droit

d'y être admis, sauf le cas où
l'Assemblée auroit prononcé
qu'un Comité devroit être
secret.

De l'Imprimerie de Lottin l'aîné, & Lottin de S.-Germain,
Imprimeurs de la Ville, rue S.-André-des-Arts, (N° 27) 1789.